# Ten Truths From Wonderland

First published 2020 by The Hedgehog Poetry Press

Published in the UK by
The Hedgehog Poetry Press
Coppack House, 5
Churchill Avenue
Clevedon
BS21 6QW

www.hedgehogpress.co.uk

ISBN: 978-1-913499-06-8

9 8 7 6 5 4 3 2 1

A CIP Catalogue record for this book is available from the British
Library.

# Ten Truths From Wonderland

by

*Matt Duggan and María Castro Domínguez*

*'Facts do not cease to exist because they are ignored....'*

*— Aldous Huxley*

# Contents

# BREAKING FREE

# IMITATIONS OF CARBON

We dowsed the matches to life
in large vats of chloroform
polygonal walls clad in silver Medina –
falling between
buildings observing each other
through the eye inside
a cistern of dogs –
we became spectators
in imaginary rooms
the light is our interlude –

*(Tim works at the Ministry of Disinformation*
*inducting new clients to the principles of legitimate fakery –*
*his best friend sponsored him for a laureateship in Jollification*
*she exudes the desire like a Tambourine Rock 'N' Roller)*

Her best friend is Tim's wife who thinks he's a True Rebel!
– saddened to hear that he recently became
the Unknown Prince of Ultimate Folly;
disguised easily and unmasked
like the stars that are bouncing
across a sky of moving wooden made brickbats;
We eat and drink the same soil listening to the same songs -
only fools in a kingdom of their own integrity;
will question the imitation of Carbon -
even when they are deep and stretched out under red earth.

# IMITACIONES DEL CARBÓN

Sumergimos las coincidencias de la vida
en grandes cubas de cloroformo
paredes poligonales revestidas de plata Medina-
cayendo entre
edificios que se observan uno a otro
a través del ojo interno
una cisterna de perros-
nos convertimos en espectadores
en habitaciones imaginarias
la luz es nuestro interludio-

(Tim trabaja en el Ministerio de Desinformación
iniciando a nuevos clientes en los principios de la falsificación legítima-
su mejor amigo lo propuso para una excelencia en Alegrificación
ella exuda el deseo como una Roquera de Pandereta)

Su mejor amiga es la mujer de Tim, la cual piensa que él es un
          Verdadero Rebelde!
-entristece saber que recientemente él se convirtió
En el Príncipe Desconocido de la Alegría Definitiva
fácilmente disfrazado y desenmascarado
como las estrellas que rebotan
a través de un cielo de ladrillos de madera movedizos;
Comemos y bebemos de la misma tierra escuchando las mismas
canciones-
Nada más que locos de un reino de su propia integridad;
cuestionarán la imitación del carbón-
incluso cuando ya estén estirados y enterrados bajo esta tierra roja.

# WHEN SWIFTS WHISPER POEMS

Let stars be an army the oceans its battlement
stand with the heart of a Griffin.
Allow those petty arrows of spite
to pierce flesh and fall in secluded waters
where no one will ever hear them splash.
Be an eye of the eagle - a body of fur
voyaging beyond the moon –
withdrawing the arrow's head

that split the hearts vessel
rooted in the crook of man's spine -
be not that drifting ship of covetousness.
Let the rainbow be the eye and lift to hook -
when you can ask swifts to whisper poems
into the ears of those that despise you the most -
Be visible to the enemy –
yet never close enough for them to touch.

# CUANDO LOS VENCEJOS SUSURRAN POEMAS

Deja que las estrellas sean una armada los océanos su puesto de almena
mantente con el corazón de un Griffin.
Permite que esas miserables flechas de despecho
perforen la carne y caigan en aguas aisladas
donde nadie las escuchará jamás salpicar.
Sé un ojo del águila –un cuerpo de pelaje
viajando más allá de la luna-
retirando la punta de la flecha

que divide el recipiente de los corazones
enraizado en la curva de la espalda del hombre
no seas ese barco de codicia a la deriva.
Deja que el arcoíris sea el ojo y se levante para anclar
cuando puedas pedir a los vencejos que susurren poemas
en los oídos de aquellos que más te desprecian-
sé visible al enemigo
pero nunca tan cerca como para que te alcance.

# THE PROTOCOLS AND DISTORTIONS OF TRUTH

If they believed that Unicorns
lived on the Moon
Or in the Legend of Dekaf Siswen
and his distorting protocols,
the vile portrait of the Elders of Zion;
Remember that they'll always believe a lie
& be less willing to question facts.
The enemies will always
be beneath our feet –
biting at salty toes
the fish with two-tone bellies
nibbling at the hairs on our back.

# LOS PROTOCOLOS Y DISTORSIONES DE LA VERDAD

Si creyesen que los unicornios
viven en la luna
o en la Leyenda de Dekaf Siswen
y sus protocolos distorsionados
el vil retrato de los Ancianos de Sión;
Recuerda que ellos siempre creerán en una mentira
& serán menos deseosos de cuestionar los hechos.
Los enemigos siempre
estarán bajo nuestros pies-
mordiendo dedos salados
el pez con estómagos de dos toneladas
mordisqueando el vello de nuestra espalda.

# TELL ME THE TRUTH (NOT ABOUT LOVE OR GOD)

Tell me the truth –
Not about LOVE or GOD
rain will change colour
inside wet and warm circles
I'd see the reflection – of every lover
past and present;
Tell me the truth about YOU
let us throw a penny
into a draining stream
watch a river rise over
the snubbed and decayed
where the anti – sapiosexualist
spins one hundred million voices
that sound the same -
same treadmill winds on
They roll them up – Spit them out
Please tell me the truth
(Not about Love or God)
before too many ego's
spoil this imperfect broth.

# DIME LA VERDAD (NO SOBRE EL AMOR O DIOS)

Dime la verdad-
No sobre EL AMOR o DIOS
la lluvia cambiará de color
dentro de círculos húmedos y tibios
veré el reflejo –de cada amante
del pasado y del presente;
Dime la verdad sobre TI
echemos un penique
a una corriente de drenaje
veamos un río elevarse
sobre el desaire y el deterioro
donde el anti-sabiosexual
hila cientos de millones de voces
que suenan igual-
con los mismos vientos de noria
Los arrollan  -los escupen
Por favor dime la verdad
(NO sobre el Amor o Dios)
antes de que demasiados egos
estropeen este brebaje imperfecto.

# THE DISSECTION OF A MAN SELLING HIS SOUL

Let me spread light with my delicate paws
reveal the narcissist in those that map others;

Place a mirror behind the eye
watch the dissection of a man
selling his soul. If we look deep
into his eye you may see
the clockworks inside
slowing down unable to work;

If we cut between and under
we may see where and why
he sold his soul for the debris,
that hangs between my teeth.

# LA DISECCIÓN DE UN HOMBRE VENDIENDO SU ALMA

Déjame extender la luz con mis delicadas patas
revelar el narcisista en aquellos que configuran a otros;

Coloca un espejo tras el ojo
observa la disección de un hombre
vendiendo su alma. Si miramos profundamente
en su ojo podrás ver
la relojería interna
ralentizándose incapaz de funcionar;

Si cortamos a través y por debajo
podremos ver dónde y por qué
vendió su alma por los escombros
que cuelga entre mis dientes.

# A CIRCLE

## BONE TRUTH

The newspaper says an aboriginal has surfaced
on the coast of an Atlantic isle.
Seven hundred years ago she died wrapped in the sky,
a foetus within the bony wings of her pelvis
its skull hollowed out and salted by the ocean's lick.

Archaeologists can't identify her,
though they know she ate figs and goat's milk,
that she collected snails for a living
and that she was five weeks off delivering her child.

I'm thinking of when I was six, by the river, and my father
opened a fish — eyes gilded in its sockets.
Inside we found a smaller fish girdled, caught
in the headlight of my father's knife. How it leapt
from the glistening silver, slapping the brine on the way out.

# LA VERDAD DE LOS HUESOS

El periódico dice que un aborigen apareció
en la costa de una isla atlántica.
Hace setecientos años ella murió envuelta en el cielo
con un feto entre las alas huesudas de su pelvis
su cráneo ahuecado y salado por el lengüetazo del mar.

Los arqueólogos no pueden identificarla,
aunque saben que comía higos y bebía leche de cabra,
que recolectaba caracoles para subsistir
y que le faltaban cinco semanas para dar a luz a su hijo.

Me recuerda cuando tenía seis años, junto al río, y mi padre
abrió un pez — los ojos dorados en sus cuencas.
Dentro encontramos un pez más pequeño incrustado, atrapado
en el resplandor del cuchillo de mi padre. Cómo saltaba
desde la plata brillante, sacudiendo la salmuera al salir.

# THE GREAT SILENCE

Here is the man who sits in a corner
of the living room of the red house —

        grey head slumped on his chest.

The same man that used to bellow
birds from the trees

        when he spoke without stopping

villagers whispered, unaware their breath
was not theirs, there goes the master's voice

        under the apple trees, surfing the roof tops;

its boom folded seagull's wings, rocked little children,
flaked thunder clouds and stepping hard on every beam

        it echoed in every other voice.

He is the man who took a brown dog,
a dog that wouldn't bow to his call,

        instead it stood stiffly (not disobedient, simply deaf),

he raged and frothed when the dog didn't come
spat lashes of fire

        words hot as ashes spewed from his mouth.

Now nothing travels up the man's throat
his small voice, pure hesitation

        occasionally breaking into a cough.

# EL GRAN SILENCIO

Aquí está el hombre que se sienta en una esquina
del salón de la casa roja —
        cabeza gris desplomada sobre su pecho.

El mismo hombre que solía ahuyentar
a los pájaros de los árboles
        cuando hablaba sin cesar

los habitantes susurraban, ajenos a que su aliento
no era suyo, allí va la voz del amo
        bajo el manzano, sobrevolando la cima de los tejados;

su retumbar plegaba las alas de las gaviotas, acunaba a los niños pequeños,
convertía en escamas las nubes de tormenta y pisando fuerte en cada rayo
        resonaba en cada una de las voces.

Él es el hombre que acogió a un perro marrón,
un perro que no atendía su llamada,
        sino que se quedaba rígido (no desobediente, simplemente sordo),

él se enfurecía y echaba espuma por la boca cuando el perro no acudía
escupía latigazos de fuego
        palabras como cenizas surgían de su boca.

Ahora nada circula por la garganta del hombre
su voz minúscula, pura vacilación
        ocasionalmente rompiendo a toser.

# THE WALL

where my son daubed
*Cliff has a tiny willy* in huge yellow
letters behind the hospital wing
where I'd delivered his brother.

*You're the oldest now*
I tell him, *his guardian*
*the man of the house.*
I asked him what he thought

about his little brother, *he's ugly*
*take him back mum*
he said bursting
like a red water balloon.

That night he took the long walk
climbed some rain-sodden bricks
leaned against its crumbled skin
letting his golden jet scream.

Still there a year later
not even painted over.
Nobody can hear
a family of ants
burrow the cracks.

# LA PARED

donde mi hijo garabateó
*Cliff tiene un pene pequeño* en grandes, amarillas,
letras tras el ala del hospital
donde yo había dado a luz a su hermano.

*Eres el mayor ahora*
le digo, *su guardián*
*el hombre de la casa.*
Le pregunté qué pensaba

sobre su hermanito, *es feo*
*devuélvelo mamá*
dijo enrabietado
como un globo de agua rojo.

Esa noche él dio un largo paseo
se encaramó a unos ladrillos empapados por la lluvia
se inclinó contra su piel desmoronada
dejando que su chorro dorado gritase.

Todavía un año después
sin haberla aún repintado,
nadie puede escuchar
a una familia de hormigas
excavar una madriguera en las grietas.

# YOU MUST SEE THIS

You might not see the man
in the centre of an empty room
sitting on the wooden planks —
it doesn't matter. We saw him
with his sandals in front, his chest bare
his back hunched into a question mark.

He could have been a sculpture,
silent, dignified and made of stone,
until he spoke suddenly, a strange language
his eyes darting in quick-fire observation.

The estate agent steered us to a window
pointed to the mango trees outside, dragon fruit
climbing a rain bowed arbour, the celestial blue pool
and the sky laid over it in liquid light.

We got used to the man and his sandals,
forgot his voice like one forgets the presence of a wall,
a door, or a crack running along a ceiling.
*You must see this* the agent led us out —
we didn't even turn to catch his sigh
only our feet flip-flopping
over the gaps and splinters in the floorboards.

# DEBEN VER ESTO

Puede que no lo veas
en el centro de una habitación
sentado sobre los tablones de madera —
no importa. Le vimos
con sus sandalias delante, su pecho desnudo
su espalda combada en un signo de interrogación.

Podría haber sido una escultura,
silencioso, dignificado, y esculpido en piedra,
hasta que habló de pronto, un lenguaje extraño
sus ojos observadores veloces como el fuego.

El agente inmobiliario nos dirigió hacia una ventana
señaló los árboles de mango afuera, fruta de dragón
ascendiendo un cenador arcoíris, la piscina azul celestial
y el cielo reclinándose sobre ella en líquida luz.

Nos acostumbramos al hombre y sus sandalias,
olvidamos su voz como uno olvida la presencia de una pared,
de una puerta, o de una grieta recorriendo un techo.
*Deben ver esto* el agente nos acompañó fuera —
ni siquiera nos volvimos para recoger su suspiro
sólo nuestros pies sorteando
los huecos y astillas del entarimado.

# TRUTH IS...

a circle
a hole behind the cupboard
unshuttered eyes
the sun blazing through shadow.

I find a moth tear-drinking
from a leaking pipe
as the wind blows open a window,
sucks a glass bottle to the floor.

Behind the curtain I watch
a car — not mine — arrive next door
and I stand on a chair
forgetting

I haven't said *I love you* enough
lately.
That's not true —
I said it to a baby for three years.

## LA VERDAD ES...

un círculo
un agujero tras la estantería
ojos no cerrados
el sol destellando a través de la sombra.

Encuentro una polilla bebiendo lágrimas
de una tubería que gotea
cuando el viento abre una ventana
sorbe una botella de cristal en el suelo.

Tras la cortina miro
un coche — no el mío — llega a la puerta vecina
y me subo en una silla
olvidando

no he dicho *te amo*
suficiente
últimamente.
No es verdad —
se lo dije a mi baby durante tres años.

# INTRODUCING MATT DUGGAN &
# MARÍA CASTRO DOMÍNGUEZ

*Matt Duggan was born in Bristol 1971 and lives in Newport, Wales with his partner Kelly, his poems have appeared in many journals such as The Potomac Review, Foxtrot Uniform, Here Comes Everyone, Into the Void, Marble, Osiris Poetry Journal, EyeFlash Poetry Magazine, The Blue Nib, The Poetry Village, The Journal, The Dawntreader, The High Window, The Ghost City Review, Confluence, Polarity.......*

*Matt has two chapbooks "One Million Tiny Cuts" (Clare Song Birds Publishing House) and "A Season in Another World" (Thirty West Publishing House) and was one of the winners of the Naji Naaman Literary Prize (Honours for Complete Works) (2019). His second full collection "Woodworm" was published by Hedgehog Poetry Press July (2019) In 2020 Matt has a new collection titled "The Kingdom" (Maytree Press) a collection of twenty-five poems due to be published April/May 2020.*

*María Castro Domínguez is the author of 'A Face in The Crowd' which is her 2016 Erbacce Press prize winning collection. Winner of the third prize in Brittle Star´s Poetry Competition 2018 and Joint winner of the Orbis 185 Readers' Award 2019. She was finalist in the 2019 Stephen A DiBiase Poetry Contest and Mslexia Max's Poetry Competition.*

*She has been widely published in literary journals and anthologies such as: Obsessed With Pipework, Sarvasti, Apogee, The Long-Islander Huntington Journal, StepAway, London Grip and Popshot Magazine*

*Born and raised in London; she holds a Bachelor's degree in English philology and works as a freelance writer, proof reader and language teacher.*

## ACKNOWLEDGMENTS

I would like to thank my husband and children for their support, Matt Duggan for his passion and generosity; Mark Davidson for making this poetry collection possible. I am grateful to Kaddy Benyon for reading these poems and Ana Gavilá for her translations.

Thank you to my partner Kelly Thomas, to Maria for her detail and eye for image, to Ana Gavilá for the translations and to Mr Hedgehog himself Mark Davidson for the support and for publishing this latest collaboration on the elements of truth which is what we all need right now in 2020.

Cover image: Juan Antonio Valcárcel Castro

Translations by Ana Gavilá

Poetry by Matt Duggan and María Castro Domínguez